Um Molière imaginário

Molière

Um Molière imaginário
Molière

Montagem: GRUPO GALPÃO
Direção: EDUARDO MOREIRA
Dramaturgia: CACÁ BRANDÃO
Tradução: EDLA VAN STEEN

autêntica

COPYRIGHT © 2007 BY   AUTÊNTICA EDITORA
EDITORA PUC MINAS
GRUPO GALPÃO

TEXTO: *Cacá Brandão e Eduardo Moreira*
FOTOGRAFIA: *Adalberto Lima e Guto Muniz*
CAPA E PROJETO GRÁFICO: *Patrícia De Michelis*
DIAGRAMAÇÃO: *Carolina Rocha, Conrado Esteves e Patrícia De Michelis*
REVISÃO: *Cecília Martins*
COORDENAÇÃO EDITORIAL: *Rejane Dias e Cláudia Teles*

Todos os direitos reservados pela Autêntica Editora, Editora PUC Minas e Grupo Galpão. Nenhuma parte desta publicação poderá ser reproduzida, seja por meios mecânicos, eletrônicos, seja via cópia xerográfica sem a autorização prévia.

AUTÊNTICA EDITORA
Rua Aimorés, 981, 8º andar . Funcionários
30140-071 . Belo Horizonte . MG
Tel: 55 (31) 3222 6819 . TELEVENDAS: 0800 283 1322
www.autenticaeditora.com.br I autentica@autenticaeditora.com.br

Pontifícia Universidade Católica de Minas Gerais
Grão-Chanceler: Dom Walmor Oliveira de Azevedo
Reitor: Dom Joaquim Giovani Mol Guimarães
Vice-Reitora: Patrícia Bernardes
Pró-reitor de Pesquisa e de Pós-graduação: João Francisco de Abreu

EDITORA PUC MINAS
Rua Pe. Pedro Evangelista, 377 . Coração Eucarístico
30535-490 . Belo Horizonte . MG
Tel: 55 (31) 3375 8189 . Fax: 55 (31) 3376 6498
www.pucminas.br/editora I editora@pucminas.br

GRUPO GALPÃO
Rua Pitangui, 3413 . Sagrada Família
31030-210 . Belo Horizonte . MG
Tel: 55 (31) 3463 9186
www.grupogalpao.com.br I galpao@grupogalpao.com.br

Molière

M7221.Pv   Um Molière imaginário / Molière ; tradução de Edla Van Steen ; adaptação de Cacá Brandão . – Belo Horizonte : Autêntica /PUC Minas, 2007.

96 p. –(Espetáculo do Galpão, 4)

Título original: Le malade imaginaire

ISBN 978-85-7526-268-9 Autêntica
ISBN 978-85-60778-04-1 PUC Minas

1.Teatro. 2.Brandão, Cacá. I.Título. II.Título: Le malade imaginaire. III.Série

CDU 82-2

Ficha catalográfica elaborada por Rinaldo de Moura Faria – CRB6-1006

Apresentação

O teatro é, essencialmente, o ator em cena. Muitas vezes, ao nos encantarmos com a interpretação, os figurinos, o cenário, acabamos nos esquecendo de um elemento fundamental: o texto. Talvez porque, quanto melhor o texto, menos o percebemos.

Porém, o registro desses textos é o que constrói a memória do teatro. O Grupo Galpão, ao completar 25 anos, reuniu em livros os textos de suas mais significativas peças, que ajudam a contar a história e a evolução do grupo, que conquistou platéias no Brasil e no mundo.

A comédia da esposa muda, Foi por amor, Corra enquanto é tempo, Romeu e Julieta, A rua da amargura, Um Molière imaginário, Partido, Um trem chamado desejo, Pequenos milagres e *Um homem é um homem* são as peças que registram a trajetória do Galpão e que agora ficarão guardadas além da memória do seu público.

A Petrobras, maior patrocinadora de cultura do Brasil e patrocinadora do Grupo Galpão desde o ano 2000, tem imenso prazer em participar desta iniciativa. Para a Petrobras, o resgate e a preservação da memória da cultura brasileira é uma das mais importantes ações que uma empresa pode fazer por seu país.

Com este projeto, além de patrocinar a manutenção do grupo e a montagem e circulação de seus espetáculos, a Petrobras ajuda a guardar um pouquinho da história do teatro brasileiro.

Petrobras

Introdução ao texto

Em primeiro lugar, cumpria à nova peça a ser montada pelo Galpão servir para o Grupo retomar o domínio de si mesmo e recompor-se internamente, depois de anos sob a direção de Gabriel Vilella e depois da perda de Wanda Fernandes. Optou-se, então, por escolher um diretor dentro da própria companhia, e o escolhido foi Eduardo Moreira. Em segundo lugar, cumpria celebrar os 15 anos do Grupo Galpão. Isso levou-nos, inicialmente, a buscar uma peça que contasse a história de uma trupe mambembe e suas vicissitudes, como forma de celebrar o fazer teatral. Fizemos vários *workshops* sobre o tema, sem que nenhum nos satisfizesse. Começamos então a dirigir nossos olhos para Molière, que havia percorrido o interior da França com sua companhia durante anos. Ele era, como se expressava nosso diretor, um "bicho do teatro", e ninguém melhor do que ele emblematizava as várias dimensões, aventuras, os desafios e a complexidade do fazer teatral. A vida dele e de sua companhia era homóloga àquela que parecia ter conduzido a história do nosso grupo e que se resumiu no título no livro que comemorava aqueles quinze anos: uma vida de "risco e rito" implícitos em um teatro sempre aberto a novas linguagens, sempre movido por consciência e dedicação requeridas a quem o concebe como algo mais do que mero entretenimento. Tal como o Galpão surgira em 1982, das oficinas no Festival de Inverno da UFMG e dos seus experimentos a céu aberto, também Molière fizera das ruas e feiras o ponto de partida do seu teatro.

Lida toda a obra do dramaturgo francês, a primeira tentativa que fiz foi selecionar trechos de vários de seus textos mais famosos – como *Tartufo, Escola de mulheres, As preciosas ridículas, O doente imaginário, Médico à força, D. Juan* e *O misantropo* – e tentar entrelaçá-los com a história de uma companhia mambembe que continuávamos procurando nas nossas oficinas vespertinas. O resultado foi um texto imenso, mas sem qualquer foco e unidade. Reduzi o número de peças, mas persistia a falta de um fio condutor, que não conseguíamos encontrar nem dentro dos textos de Molière nem nas tentativas de alinhavá-los em torno da trajetória de uma trupe mambembe. Ia para o Galpão à tarde assistir às propostas do elenco e escrevia à noite e de madrugada. Ao acordar, costumava sair para andar com Eduardo e tomar uma ducha no Parque das Mangabeiras, bem cedo. Invariavelmente, Eduardo cumprimentava-me perguntando: "Alguma luz, meu amigo?" Chegando ao Galpão, eu distribuía os novos textos para meus amigos e tomava uma outra espécie de ducha de água fria: nada que escrevia funcionava no palco, tudo permanecia desconectado, e nenhuma celebração do fazer teatral acontecia. Faltavam o tom da peça e uma linha condutora, que teimávamos em retirar da história de uma trupe em viagem.

Atribuo encontrar o tom da peça a dois elementos. O primeiro foi uma tourada que Júlio representara num dos *workshops* e que me parecia homóloga à luta de Molière para fazer teatro e para expor o ridículo dos costumes e dos homens do seu próprio tempo. Essa tourada persistiu em nossa montagem, na conclusão do espetáculo.

O segundo surgiu da leitura de Machado de Assis, sobretudo de *Memórias póstumas de Brás Cubas*, escrito "com a pena da galhofa e a tinta da melancolia". Essas pena e tinta passaram a mover minha mão e a funcionar como critério para a redação do texto e para a efetivação dos cortes. A linha condutora também deveu-se a uma dupla razão. Cansados e quase desesperados de tantas tentativas infrutíferas, Eduardo, eu e o elenco decidimos por tentar encontrar o eixo no próprio texto de Molière, e não mais na história da trupe em viagem. Dirigimos nossas oficinas para trabalhar passagens dos diversos textos e, ao experimentarmos *O doente imaginário*, vi Rodolfo, como o hipocondríaco Argan, em delírio sobre um balanço. Ali estava a chave: nos seus delírios, Argan poderia ver o fantasma de Molière lhe aparecendo e contando a sua história, o seu enterro e a "tourada" por ele empreendida pelo teatro.

Reescrevi tudo com base nisso. Na abertura, no final e entre as cenas da história de Argan, introduzi a história paralela do próprio Molière, de modo semelhante aos entreatos escritos pelo dramaturgo francês para entreter a platéia da corte de Luís XIV, e escarnecer dela e dos burgueses de sua época. Molière morreu no palco como Argan, logo numa das primeiras apresentações dessa peça. Isso tensionava ainda mais o diálogo entre nossos dois personagens, Argan e seu autor; criava um contraponto trágico à comédia; ligava o comediógrafo barroco a outro clássico da literatura brasileira, Machado, e ao nosso contexto; introduzia um clima onírico e fantástico, que acentuamos ao criar a personagem Mab e investigarmos a pintura de Chagal. Como o teatro é a "vida concentrada", seu texto define-se não apenas pelas palavras que nos chegam impressas, mas também pelos climas e contextos em que as experimentamos, do corpo e repertório que nos são oferecidos pelo ator e pelo conjunto do elenco e de visões e imagens que vamos pesquisar em lugares os mais inesperados dentro do próprio processo de montagem.

Em francês, *jouer* significa tanto "jogar" quanto "representar", tal como *to play*, em inglês. O jogo entre atores, exigidos em sua versatilidade a agilidade extremas pelo teatro de Molière, constituía o grande desafio, tanto para a produção dos diálogos quanto para o trabalho da direção com os atores. Quanto ao texto, era preciso reforçar a conexão entre as falas, sua concisão e ritmo, sua sugestão cênica e o impulso que ela oferecia ao corpo e ao jogo entre os diversos personagens. Definir falas e cortes, selecionar as palavras e dar-lhes a tradução cênica devida era algo que eu não poderia mais fazer sozinho, mas apenas por intermédio da dinâmica e da interação que emergissem das cenas ensaiadas pelo elenco nas tardes e noites no galpão da Rua Pitangui.

Em Shakespeare, o texto tem uma unidade múltipla que facilita cortar cenas inteiras. A dramaturgia de Molière é completamente barroca. Quando entramos numa igreja barroca, vemos uma série de anjos, querubins, colunas salomônicas, pássaros, guirlandas, volutas, espirais e formas que se debruçam umas sobre as outras, até fundirem-se e perderem as linhas de contorno que as separam. Tudo compõe uma unidade indivisível, cujas partes recusam-se a ser desmembradas. Tirar um elemento, como um anjo, provoca o desabamento e desequilíbrio de tudo o mais. Assim também Molière escreve para teatro. Não há frases soltas. Todas estão encadeadas de tal forma que se sustentam reciprocamente. Isso trouxe uma enorme dificuldade para realizarmos os cortes devidos para representarmos a peça na rua e no tempo que julgávamos adequado. Além disso, cumpria acrescentar os novos textos entre Argan e Molière e ceder espaço para a música, cujas letras eu ia compondo em parceria com Fernando Muzzi e Ernani Maletta. Nesse sentido, Molière trazia um desafio bem diferente do de Shakespeare e exigia procedermos aos cortes a conta-gotas, palavra por palavra, linha a linha e tomando todo o cuidado para não se perder a agilidade e a velocidade exigida pelo *jeu* e pela comédia – no corpo, na inteligência cênica, na atenção dos atores e na composição dramatúrgica.

A luz que o diretor e eu buscávamos havia quase um ano encontrava-se nas frestas entre as palavras, entre as falas, entre os corpos e entre os personagens. Passamos a persegui-la e a trazê-la para o palco e para as páginas das inúmeras versões que se sucederam, mesmo depois de nossa estréia em Tiradentes e no Festival de Curitiba. A bem dizer, no processo de montagem que desenvolvi com o Galpão, o texto definitivo nunca fica pronto. É uma luz que se encontra pouco a pouco, e com muito trabalho de todos. O dramaturgista não é seu único autor.

Cacá Brandão

Um Molière Imaginário foi o espetáculo que representou a retomada pelo Grupo Galpão do seu próprio rumo artístico, depois de duas experiências marcantes com o diretor Gabriel Villela que, com *Romeu e Julieta* e *A rua da amargura*, deixou uma assinatura fundamental na estética e na linguagem do Grupo. A missão não era e nem foi fácil, levando-se em conta principalmente o estrondoso sucesso junto ao público e à crítica que os dois espetáculos anteriores obtiveram.

O ponto de partida para a construção do espetáculo foi uma homenagem à figura do dramaturgo francês

Jean Baptiste Molière, que, além de sua obra, teve vida coroada de situações exemplares de um homem de teatro, tendo exercido as mais diferentes funções no ofício teatral. Nesse sentido, Molière encarna a própria vida do teatro em situações que vão desde o enfrentamento das expectativas de seu pai, que o almejava como um futuro tapeceiro do rei, as viagens mambembes pelo interior da França, a luta para ganhar a proteção real e viver as regalias da Corte de Luís XIV para a sua companhia, as intrigas e a perseguição dos poderosos, que não viam com bons olhos seu teatro devastadoramente crítico aos costumes da sociedade da época, até a sua morte em pleno palco na quarta apresentação da sua última peça *O doente imaginário*.

Nos primeiros ensaios, o mote da dramaturgia e da direção era mergulhar no mundo do teatro mambembe, com as experiências da companhia de Molière misturadas às próprias experiências do Galpão (que na época completava 15 anos de existência). O espetáculo mostraria algumas cenas de textos de Molière entrelaçadas com o dia-a-dia da sua companhia, com suas dificuldades, suas esperanças, seus conflitos e sua luta para sobreviver na França do século XVII, que lançaria luz sobre todas as companhias de teatro de todas as épocas. Enfim, uma homenagem aos artistas e a nós mesmos, atores do Grupo Galpão.

Esse projeto da homenagem ao artista mambembe por intermédio de uma trupe, suas agruras e esperanças, foi adiado e talvez só tenha se realizado a contento três anos depois, em 2000, com a montagem de *Um trem chamado desejo.*

Depois dos quase três primeiros meses de ensaios, o projeto chegou a um impasse, percebemos que a fragmentação das peças de Molière em cenas curtas dispersas acabava por retirar a força que elas tinham no contexto geral da peça. Talvez certa presunção de se mexer numa obra que se tornou clássica exatamente pelo encadeamento de suas cenas e pelo jogo preciso dos personagens em cena tenha nos levado a certa *hybris,* a um desmesuramento das possibilidades de desmontagem e remontagem de uma obra extremamente viva e magistralmente articulada como a de Molière.

Constatada a crise, caímos num vazio. Depois de uma série de *workshops* em que se misturavam cenas de *Preciosas ridículas* com *Tartufo* , *Escola de mulheres* e *Improviso em Versailles,* a salvação foi passar uma borracha em tudo e buscar outra saída. A única coisa que não queríamos largar era o teatro de Molière.

Depois de uma série de tentativas, que passaram pela possibilidade de se montar uma versão da vida de Molière escrita pelo dramaturgo italiano Carlo Goldoni, chegamos àquela que seria a base de nossa montagem e adaptação: o texto de *O doente imaginário,* última peça escrita por Molière, na qual ele, fazendo o protagonista Argan, morre praticamente em cena na sua quarta apresentação.

Na nossa adaptação, cortamos todos os entreatos, divertissements vazios de sentido, e os substituímos pela presença de uma espécie de fantasma do próprio Molière que, ressuscitado na primeira cena, dialoga com o protagonista Argan sobre o sentido e a função da arte teatral.

No encontro entre criador e criatura, Molière, o autor morto há mais de 300 anos e ressuscitado para "refazer o seu ato final" incentiva Argan, o protagonista que foi por ele vivido, mas que também revive em cada novo intérprete, a ressuscitarem a chama viva e indomável do teatro. Enquanto houver a paixão de um ator que representa e de um espectador que presencia seu ato, o teatro viverá, e com ele a obra de Molière. No fundo, essa era a mensagem da peça.

Tendo como pano de fundo a crítica aos maus costumes da classe médica, que engana e vilipendia o pobre hipocondríaco Argan, a farsa de Molière, levada ao seu paroxismo, acaba tocando no pavor que todos nós, seres humanos, temos de nossa finitude e nossa morte. Mais interessante ainda é perceber que, quando escreveu *O doente imaginário*, Molière se encontrava na condição de doente terminal, às voltas com problemas respiratórios irreversíveis, que acabariam por levá-lo à hemoptise fatal.

Para o pavor da morte e da finitude, o único remédio (pelo menos no nosso caso) talvez seja a arte. E ninguém melhor que Molière e sua vida para nos indicar esse caminho. O sentido da arte é o de deixar algo transmitido ao longo das gerações e que sobrevive à ação devastadora do tempo. Mesmo enterrado de maneira indigna, num local reservado aos pagãos e às prostitutas, por ter se recusado a renegar seu passado de ator, Molière está mais vivo do que nunca no meio de nós cada vez que uma de suas obras é lida e encenada. Sua arte e seu teatro são eternos e serão relidos e reinterpretados em cada nova época segundo seus anseios e aspirações.

E, finalmente, depois que a chave foi encontrada faltava perguntar: Que tipo de Molière queremos que apareça diante do público para ser porta-voz de uma mensagem dessa natureza? Não poderia ser um Molière moralista ou grandiloqüente, que proferisse "verdades" diante de uma platéia. Foi aí que nos caiu como uma luva o defunto Brás Cubas de Machado de Assis das *Memórias póstumas*. Nosso Molière deveria estar imbuído desse espírito sarcástico e demolidor do velho bruxo do Cosme Velho, que conta a vida sem sobressaltos de seu personagem com a "pena da galhofa e a tinta da melancolia".

O texto do espetáculo segue a tradução feita por Edla Van Steen, acrescida dos entreatos escritos por Cacá Brandão e modificada pelo trabalho de criação dos atores e por *gags* e palavras criadas ao longo de mais de 250 apresentações em mais de 150 cidades do Brasil e do exterior, em dez anos de carreira.

O texto que aqui se apresenta em sua forma literária é resultado de um longo e laborioso processo de ensaios e apresentações, que nos ajudaram a compreender e a digerir o profundo senso teatral do jogo cômico de Molière. E esse espírito do seu teatro foi também uma força motriz para que o Galpão reencontrasse e reelaborasse sua faceta popular e farsesca de rua, presente desde sua fundação.

Eduardo Moreira

Um Molière imaginário
Molière

Montagem: GRUPO GALPÃO
Direção: EDUARDO MOREIRA
Dramaturgia: CACÁ BRANDÃO
Tradução: EDLA VAN STEEN

O Juramento (Teuda Bara, Inês Peixoto, Paulo André, Simone Ordone, Rodolfo Vaz, Arildo de Barros, Chico Pelúcio, Beto Franco e Antonio Edson)

Personagens

Molière	
Rainha Mab	a Rainha dos Sonhos
Argan	o doente imaginário
Belinha	segunda esposa de Argan
Nieta	empregada de Argan
Angélica	filha de Argan
Cleanto	namorado de Angélica
Boafé	tabelião
Sr. Flores	farmacêutico
Dr. Purgan	médico
Dr. Disáforus	médico
Tomas Disáforus	filho do Dr. Disáforus
Beraldo	irmão de Argan
Médicos	

O Funeral: Margareth Serra, Arildo de Barros, Chico Pelúcio e Beto Franco (Foto: Guto Muniz)

Um Molière imaginário

PRÓLOGO

(*Um cortejo fúnebre começa tocar ao longe e vem se dirigindo até a área da representação, onde se encontra o caixão de Molière. Quando o cortejo chega ao centro do palco, a Rainha Mab, que está um nível acima da representação, saúda a platéia, dando início ao espetáculo.*)

RAINHA MAB:

Respeitável público, bem-vindo ao circo dos sonhos. Eu, a Rainha dos Sonhos, vos saúdo esta noite, e convido todos a acompanhar este onírico funeral! Desatai do corpo vossos espíritos e sonhai sem medo, pois o que há entre o sonho e a vigília, entre a realidade e o teatro, entre a vida e a morte, senão uma curta travessia? Quem sabe se, neste instante, vocês que aí estão, nada mais sejam que a fantasia de alguém que sonha distante? Delírio de um visionário? Personagem deste autor imaginário?

(*O cortejo se dispõe ao redor do caixão apontado por Mab, joga terra no túmulo e recita o epitáfio.*)

Epitáfio: "Jean Baptiste Poquelin, Molière, comediante! Acusado de haver atentado, com seu teatro, contra as instituições e os bons costumes, e recusando-se a renegar, no leito de morte, seu passado de ator, foi enterrado à noite, num buraco reservado aos suicidas, às prostitutas e às crianças sem batismo."

(O cortejo se afasta tocando a marcha, até desaparecer atrás do cenário.)

MAB:

Seja bem-vindo ao nosso sonho, senhor Molière! Graças ao seu teatro, a morte não o fez envelhecer, e, com os olhos de quem sonha, o faremos renascer!

(Cai a tampa do caixão, Molière olha o cenário, saúda o público.)

MOLIÈRE:

Estou morto, decerto. Dizem que morri do pulmão. Mas se eu disser aos senhores que a causa da minha morte foi uma tourada grandiosa, necessária, é possível que os senhores não me creiam. Todavia é a verdade! Toureei com meu teatro para livrar a humanidade dos seus vícios!... Grande ilusão! Vocês viram o meu enterro, essa macabra inumação? Oh, raça nascida de sonhos vãos! Ergui vossas cabeças até a luz dessas tochas. Oh, fogo! Derretei as máscaras desses homens e colocai em suas almas o teatro e seus personagens.

(Introdução à "Canção dos Atores". Os atores vão entrando em cena e se colocando em suas posições. Molière sobe ao palco e passeia entre eles.)

MOLIÈRE:

Que se refaça neste palco visionário a cena de minha morte, o meu último ritual. Com vocês, *O doente imaginário!*

Canção dos Atores
A praça se faz arena
No vento de um sonho contente
Trazendo a toda cena
A brasa do fogo da gente

Nas estradas dessa vida
Mambembamos sem parar
Tendo o sol como guarida
As estrelas e o luar

A praça se faz arena
No vento de um sonho contente
Trazendo a toda cena
A brasa do fogo da gente

Nas estradas dessa vida
Mambembamos sem parar
Sempre estamos de partida
Sem saber onde chegar.

(*Molière gira a cadeira onde está Argan e deposita em suas mãos a pena com a qual será escrita a estória. Sai de cena, observando-o.*)

Primeiro ato

CENA 1

ARGAN:
"Três e dois, cinco, e cinco, dez, e dez, vinte. Mais, do dia vinte e quatro, pelo pequeno clister insinuativo,

preparador e emoliente para amolecer, umedecer e refrescar os intestinos do meu prezado cliente, trinta." O que mais me agrada no senhor Flores, da farmácia, é que suas contas são sempre muito gentis. "Intestinos do meu prezado cliente..." Certo, senhor Flores, mas não basta a gentileza, é preciso, também, ser razoável e não explorar os doentes. Trinta, uma lavagem intestinal? Ora, isso não se faz com um estimado cliente! Nas contas anteriores, o senhor me cobrava vinte, o que, em linguagem de farmacêutico, são dez, pois bem, são dez. Vá lá, quinze, e não se fala mais nisso... "Dia vinte e cinco, um bom laxante e fortificante, feito de extrato de vegetais, conforme receita do Doutor Purgan, para expulsar e evacuar a sua bílis, quarenta". Vamos, senhor Flores, isso é brincadeira: convém entender os doentes. Na receita o Dr. Purgan não o mandou cobrar tanto. "Mais, no mesmo dia, uma porção tranqüilizante, para o repouso do meu prezado cliente, trinta"... ponha dez. "Mais, do dia 26, de uma lavagem contra gases, trinta"... dez, senhor Flores, dez. "Mais, do dia 27, um remédio para equilibrar as substâncias líquidas do corpo, dez"... Eu fico muito satisfeito quando o senhor é razoável, dez está ótimo! "Mais, uma porção cordial e preservativa, composta de doze grãos de benzoato, xarope de limão, romã e outros, segundo a prescrição, noventa!" Ah, calma, senhor Flores, se cobrar dessa maneira ninguém mais vai querer ficar doente, ora essa! Este mês, então, eu tomei uma, duas, três, quatro, cinco, seis, sete, oito, nove, dez, onze, doze lavagens... Mês passado, eu paguei doze remédios e vinte lavagens... Não é de se espantar que eu não esteja tão bem este mês como no outro! (*Ouve um som, sem saber de onde vem.*) Tem alguém aí? Ninguém. (*Toca uma sineta para chamar Nieta.*) Nieta! Nieta!

CENA 2

NIETA:
Já vai!

ARGAN:
Ah, sua cachorra. Sua malandra!

NIETA:
Puxa vida, que impaciência! O senhor apressa tanto a gente que eu acabei batendo a cabeça na porta, com toda a força!

ARGAN:
Traidora!

NIETA:
Ai!

ARGAN:
Faz...

NIETA:
Ai, ai!

ARGAN:
Faz uma hora...

NIETA:
Ai, ai, ai!

ARGAN:
Que você me deixou...

NIETA:
Ai!

Argan (Rodolfo Vaz) e Nieta (Teuda Bara) – Foto: Adalberto Lima

ARGAN:

Cala a boca, fingida, que eu estou te repreendendo. Você me obrigou a gritar, cretina!

NIETA:

E eu, por sua causa, quase quebro a cabeça, estamos quites, então.

ARGAN:

Sua bandida!

NIETA:

Se continuar xingando, eu vou chorar...

ARGAN:

Me largar sozinho...

NIETA:

Ai, ai...

ARGAN:

Cachorra. Você quer...

NIETA:

Ai...

ARGAN:

Será que eu não posso ter nem o prazer de brigar?

NIETA:

Brigue o quanto quiser, eu não ligo.

ARGAN:

Você me impede, sua imbecil, me interrompendo a toda hora.

NIETA:

Se o senhor tem prazer em brigar, eu tenho prazer em chorar. Ai, ai, ai...

ARGAN:

Está bem, desisto. Tire isso daqui, tire. Veja se minha lavagem de hoje fez efeito.

NIETA:

Sua lavagem?

ARGAN:

É. Saiu a minha bílis?

NIETA:

Ah, não. Não tenho nada a ver com essa coisa. O senhor Flores que meta o nariz aí, ele ganha para isso.

ARGAN:

Que mantenha a água fervendo para a próxima lavagem.

NIETA:

Esse senhor Flores e esse Doutor Purgan se divertem bem com o seu corpo. Têm no senhor uma grande vaca leiteira, e eu adoraria perguntar a eles o motivo de tantos remédios.

ARGAN:

Fique quieta, ignorante, não é você que vai controlar minhas receitas médicas... Me dê minha bengala, volto num minuto...

NIETA:

Depressa, depressa. Esse senhor Flores nos dá um trabalho...

CENA 3

ANGÉLICA:
(*Entra cantando, lânguida.*)

Sonhando com você

Sonhando com você
As minhas noites têm luar
Tão sutis, que eu muito feliz
Nunca mais quisera acordar.

Nieta...

NIETA:
O quê?

ANGÉLICA:
Adivinha do que eu quero falar?

NIETA:
Do namorado novo. Há seis dias não falamos de outro assunto... Você só fica feliz falando nele.

ANGÉLICA:
É verdade, preciso estar sempre abrindo o meu coração com você. Mas, me diga, você é contra o que eu sinto por ele?

NIETA:
Imagine!

ANGÉLICA:
Você gostaria que eu fosse insensível à paixão que ele sente por mim?

NIETA:
Deus me livre!

ANGÉLICA:
Você não acha, como eu, que há qualquer coisa abençoada, qualquer coisa de destino, na aventura do nosso encontro?

NIETA:
Acho!

ANGÉLICA:
Você não acha que ele é muito bonito?

NIETA:
É!

ANGÉLICA:
Que tem um jeitinho todo especial?

NIETA:
Com certeza!

ANGÉLICA:
Que não existe nada mais horrível que as dificuldades que a gente tem para se encontrar?

NIETA:
Tem toda razão!

ANGÉLICA:
Mas, Nietinha, você acha que ele me ama tanto quanto diz?

NIETA:
Sei lá. Essas coisas são meio suspeitas. Os fingimentos do amor passam sempre por incrivelmente verdadeiros, e eu já vi grandes atores mostrarem isso.

ANGÉLICA:
Não fale assim. Será possível que ele esteja mentindo?

NIETA:
Em todo caso, logo você vai ficar sabendo se a decisão de casar com você é para valer ou não.

ANGÉLICA:
Se ele me enganou, nunca mais vou acreditar em nenhum homem!

NIETA:
Aí vem seu pai.

CENA 4

ARGAN:
Minha filha, ouça a novidade que eu tenho para contar: me pediram você em casamento! Mas o que é, por que vocês estão rindo? Ah, é a palavra "casamento", é engraçada mesmo. Não há nada mais divertido para as jovens. É, é a vida: é bonita, é bonita e é bonita... Nem preciso, pelo que posso ver, perguntar se você quer ou não se casar.

ANGÉLICA:
Eu faço aquilo que meu pai me mandar.

ARGAN:
Estou satisfeito de ter uma filha assim, tão obediente. A coisa está então acertada, considere-se comprometida.

ANGÉLICA:
Como o senhor quiser. Aceito sem discussão.

Angélica (Simone Ordones) e Nieta (Teuda Bara)

ARGAN:

Sua madrasta sonhava que você fosse religiosa, sempre sonhou.

NIETA:

A malandra tem suas razões.

ARGAN:

Ela não queria nem mesmo consentir nesse casamento. Mas eu dei minha palavra, está dada!

ANGÉLICA:

Ah, papai, o senhor é tão bom.

NIETA:

Meus cumprimentos, senhor, foi a coisa mais sensata que fez na vida.

ARGAN:

Não conheço ainda o noivo, mas dizem que eu ficaria satisfeito, e você também.

ANGÉLICA:

Garanto que sim, papai.

ARGAN:

Como? Você já o conhece?

ANGÉLICA:

Por acaso, eu o conheci, faz seis dias. E o pedido de casamento é resultado da atração que sentimos um pelo outro, à primeira vista.

ARGAN:

Ninguém me disse nada... mas fico contente que tudo tenha se arranjado. Dizem que é um jovem bem-apessoado.

ANGÉLICA:
É, papai.

ARGAN:
Elegante.

ANGÉLICA:
Sem dúvida.

ARGAN:
Inteligente e bem-nascido.

ANGÉLICA:
De fato.

ARGAN:
Fala espanhol, latim e grego.

ANGÉLICA:
Disso eu não sabia...

ARGAN:
Vai receber o diploma de médico em três dias.

ANGÉLICA:
Ele, papai?

ARGAN:
Não contou, não?

ANGÉLICA:
Não. Quem disse isso para o senhor?

ARGAN:
O Dr. Purgan.

ANGÉLICA:
E ele o conhece?

ARGAN:

Mas, que pergunta, pois se é seu sobrinho...

ANGÉLICA:

Cleanto? Sobrinho do Dr. Purgan?

ARGAN:

Que Cleanto? Estamos falando do jovem que pediu você em casamento.

ANGÉLICA:

Mas, claro.

ARGAN:

Então, é o sobrinho do Dr. Purgan, filho de seu cunhado, o médico Dr. Disáforus. Ele se chama Tomás Disáforus, e não Cleanto. Combinamos o casamento hoje cedo, e amanhã, meu futuro genro vem com o pai fazer uma visita... Mas, o que é que você tem, ficou muda?

ANGÉLICA:

Papai, eu lhe suplico, conceda-me um tempo. O casamento é uma corrente à qual não se deve estar atado pela força.

NIETA:

Pelo amor de Deus, senhor Argan, com todo o dinheiro que tem, vai querer casar a filha com um médico?

ARGAN:

Não se meta, sua atrevida. Sua besta ambulante.

NIETA:

Calma, calminha, não precisa xingar. A gente pode pensar junto, de cabeça fria, sem gritar. Qual é o seu interesse nesse casamento, pode me dizer?

ARGAN:

O meu interesse? O meu interesse: sendo eu tão doente quanto sou, quero ter um genro e parentes médicos, para ser socorrido nas minhas crises e ter sempre à mão consultas e receitas.

NIETA:

É tão fácil falar tranqüilamente, está vendo? Mas, patrão, ponha a mão na consciência: o senhor está mesmo doente?

ARGAN:

Como estou? Então, você não sabe que eu sou doente?

NIETA:

Está bem, patrão, o senhor é muito doente, mais até do que imagina, pronto. Mas sua filha quer um marido, e, como ela não está doente, não precisa de um médico.

ARGAN:

O médico é para mim, e uma boa filha deve ficar contente de casar com alguém que é útil à saúde de um pobre pai.

NIETA:

Sinceramente, patrão, não acredite nesse casamento.

ARGAN:

E por quê?

NIETA:

Porque sua filha vai dizer que não tem nada a ver com o Dr. Disáforus, nem com o filho Tomás, nem com nenhum Disáforus do mundo.

ARGAN:

Acontece que eu estou interessado, ele é melhor partido do que pensa. O Dr. Disáforus só tem esse filho como herdeiro, e o Dr. Purgan não tem mulher nem filhos e está disposto a dar todos os seus bens de presente de casamento. E o Dr. Purgan é homem de excelente renda mensal.

NIETA:

Deve ter matado muita gente para conseguir ser rico.

ARGAN:

Fora a renda do próprio Dr. Disáforus.

NIETA:

Tudo isso, patrão, é bom e bonito, mas repito: ela não foi feita para ser a senhora Disáforus.

ARGAN:

Eu quero que ela seja.

NIETA:

Juro que ela não vai.

ARGAN:

Eu a ponho num convento.

NIETA:

O senhor? Não vai nunca pôr sua filha num convento.

ARGAN:

Ela tem que se preparar para o marido que eu escolhi.

NIETA:

E eu a proíbo de fazer isso.

ARGAN:

Onde é que nós estamos ? Uma sem-vergonha de uma empregada ter o atrevimento de falar assim diante do patrão.

Nieta (Margareth Serra), Angélica (Simone Ordones)
e Argan (Rodolfo Vaz) - Foto: Guto Muniz

NIETA:

Quando o patrão não sabe o que faz, uma empregada sensata tem o direito de adverti-lo.

ARGAN:

Ah, sua insolente, eu acabo com a sua raça.

NIETA:

Eu só quero que o patrão não faça loucuras.

ARGAN:

Cachorra!

NIETA:

Não vou permitir esse casamento!

ARGAN:

Cretina!

NIETA:

Eu não quero que ela se case com esse Tomás Disáforus, e ela vai obedecer mais a mim do que ao senhor!

ARGAN:

Angélica, pare essa safada para mim, imediatamente.

ANGÉLICA:

Ah, papai, o senhor pode até ficar pior...

ARGAN:

Se você não a parar, eu te amaldiçôo.

NIETA:

E eu a deserdo se ela me desobedecer.

ARGAN:

Como é que é? Ai, eu não agüento mais. Vou acabar morrendo.

(*Entra novamente o cortejo fúnebre com Molière trazendo dois novos personagens para a cena: Belinha, segunda mulher de Argan e o tabelião Boafé.*)

CENA 5

MOLIÈRE:

Argan, meu velho e bom amigo, esta peça eu escrevi para você com a pena da galhofa e a tinta da melancolia. Espero que o agrade e o alivie desta vida que estrebucha em seu peito.

(*Descobre o véu de Belinha, que canta.*)

La gran tirana

Segun tu punto de vista
Yo soy la mala
Vampireza en tu novela
La gran tirana

Cada cual en este mundo
Cuenta el cuento a su manera
Y lo hace ver de otro modo
En la mente de cualquiera

Desencadenas en mi
Venenosos comentarios
Despues de hacerme sufrir
El peor de los calvarios.

ARGAN:

Belinha! Ah, aproxime-se, meu amor.

BELINHA:

Que é que você tem, maridinho?

ARGAN:

Venha me socorrer, querida.

BELINHA:

Ah, meu filhinho, mas o que é que há?

ARGAN:

Belinha...

BELINHA:

Meu querido.

ARGAN:

Elas me deixaram furioso.

BELINHA:

Ah, Arganzinho, o que aconteceu?

ARGAN:

A sem-vergonha da Nieta está mais insolente do que nunca.

BELINHA:

Não dê importância.

ARGAN:

Mas ela me enlouquece, querida.

BELINHA:

Quieto, filhinho.

ARGAN:

E teve o descaramento de dizer que eu não estou doente.

BELINHA:

Oh, que insolência!

ARGAN:

Você sabe, meu amor, o quanto eu estou...

BELINHA:

Claro, amorzinho!

ARGAN:

Querida, essa sem-vergonha acaba me matando.

BELINHA:

Bem, isso...

ARGAN:

Há muito tempo que eu peço pra você me livrar dela.

BELINHA:

Ah, meu filho, não há empregados que não tenham seus defeitos. Nieta! A gente é obrigada, às vezes, a relevar certos problemas. Nieta é honesta, limpa, esforçada e, sobretudo, fiel. Você sabe que, hoje em dia, todo cuidado é pouco.

ARGAN:

É verdade, todo cuidado é pouco...

BELINHA:

Venha cá, Nieta.

NIETA:

Senhora.

BELINHA:

Por que você está irritando o meu marido?

NIETA:

Eu, patroa? Infelizmente, não sei o que a senhora quer dizer, pois só penso em fazer todas as vontades do patrão.

ARGAN:

Fingida.

NIETA:

Ele disse que queria casar sua filha com o filho do Dr. Disáforus; respondi que eu o considerava um partidão, mas que achava melhor que ela fosse para um convento.

BELINHA:

E que mal há nisso? Ela tem toda razão!

ARGAN:

Ah, meu amor, não acredite nela. É uma louca, me fez mais de mil desaforos.

BELINHA:

Está bem. Ande, vamos, sossegue. Escute aqui, Nieta, se você continuar a aborrecer meu marido, eu te mando embora. Vamos aprontar o velho.

ARGAN:

O velho?

BELINHA:

O velho gorrinho na cabeça... Não há nada melhor para se resfriar do que o frio nas orelhas...

ARGAN:

Obrigada por tomar conta de mim, querida. Querida... (*Tira a dentadura e mostra para Belinha.*) Limpa para mim?

Belinha (Inês Peixoto) e Argan (Rodolfo Vaz)

(Belinha pega a dentadura para limpar, enquanto Nieta cobre Argan com um pano e foge. Argan resmunga, sufocado.)

BELINHA:

Mas o que é agora? Pelo amor de Deus. Por que você se incomoda tanto, ela só queria ajudar.

ARGAN:

Você não conhece, querida, a maldade daquela bandida. Vou precisar de oito remédios e doze lavagens para consertar tudo.

BELINHA:

Ora, querido, relaxe.

ARGAN:

Meu consolo é você, amorzinho.

BELINHA:

Coitadinho dele.

ARGAN:

Para mostrar meu reconhecimento pelo amor que tem por mim, eu quero, meu coração, como já disse, fazer o testamento.

BELINHA:

Não! Não vamos falar disso, querido, por favor. A idéia me faz sofrer, e eu estremeço com a palavra "testamento".

ARGAN:

Eu pedi para você falar com o tabelião.

BELINHA:

Oh! Ele está aí fora, eu o trouxe comigo.

ARGAN:

Então faça-o entrar, meu amorzinho.

Belinha:

Certo, querido. Mas, quando se ama o marido, não se consegue nem pensar nessas situações, não é mesmo?

CENA 6

Argan:

Aproxime-se, senhor...

Coro:

Boafé, Boafé
Não vai te deixar a pé
Boafé, tabelião
Não vai te deixar na mão.

Argan:

Minha mulher me disse que é um grande homem. (*Boafé sobe num banquinho.*) E é mesmo... além de ser amigo dela. Por isso pedi que o chamasse para o testamento que eu quero fazer.

Belinha:

Eu sou incapaz de tocar nesses assuntos.

Boafé:

Ela me explicou suas intenções, mas, seguindo a lei dos costumes, devo dizer que não há nada que possa deixar para sua mulher em testamento.

Argan:

Como? Eu gostaria de consultar, então, o meu advogado.

BOAFÉ:

Não. Não é aos advogados que se deve consultar, pois são, em geral, muito severos sobre o assunto. Imaginam ser crime qualquer tentativa de burlar a lei. São criadores de dificuldades. É preciso facilitar as coisas.

ARGAN:

Minha mulher me falou muito bem das suas habilidades. E da sua retidão. Mas não há um jeito de dar todos os meus bens para ela, em vez de deixar para minha filha?

BOAFÉ:

O senhor pode, calmamente, escolher um amigo íntimo de sua mulher e dar a ele o que desejar. Esse amigo, depois, passa tudo para ela. Pode, também, enquanto estiver vivo, dar-lhe dinheiro ou promissórias pagáveis ao portador.

BELINHA:

Não se atormente com isso, querido. Meu Deus, se você morrer, meu filho, não quero mais ficar neste mundo.

ARGAN:

Querida.

BELINHA:

Se eu tiver a infelicidade de perder você...

ARGAN:

Minha mulherzinha.

BELINHA:

Viver será inútil.

ARGAN:

Meu amor.

BELINHA:

Morro junto para que saiba o carinho que tenho por você.

ARGAN:

Você me parte o coração, amor. Não chore, por favor.

BOAFÉ:

As lágrimas estão fora de hora, as coisas ainda não estão neste ponto.

BELINHA:

O senhor não sabe o que é ter um marido que se ama tanto.

ARGAN:

Só lamento, se eu morrer, é não ter tido um filho seu, querida. O Dr. Purgan me prometeu que ele me faria te fazer um.

BOAFÉ:

Isso ainda pode acontecer.

ARGAN:

Quero fazer o meu testamento. Mas, por precaução, vou te dar vinte barras de ouro que escondi no forro do meu quarto, e duas promissórias ao portador.

BELINHA:

Não, não me interessa nada. Ai de mim. Quanto foi que você disse que tinha no quarto?

ARGAN:

Vinte barras de ouro, meu amor.

BELINHA:

Não vamos falar mais nisso, eu te peço. E de quanto são as promissórias?

ARGAN:
Uma de quatro e a outra de seis, querida.

BELINHA:
Querido! Todo dinheiro do mundo, querido, é nada perto de ter você.

BOAFÉ:
Quer que façamos o testamento?

ARGAN:
Sim, senhor. Vamos ao meu escritório. Me leve, meu amor. Vamos também senhor...

CORO:

Boafé, Boafé
Não vai te deixar a pé
Boafé, tabelião
Não vai te deixar na mão.

CENA 7

NIETA:
Sua madrasta não dorme no ponto e, sem dúvida, faz alguma conspiração contra você.

ANGÉLICA:
Não me abandone agora, Nietinha, por favor.

NIETA:
Eu abandonar você? Prefiro morrer. Sua madrasta resolveu me fazer confidências, me colocar ao lado dela. Mas eu não aceito, e tomo sempre o seu partido, Angélica.

Mab (Fernanda Vianna), Molière (Julio Maciel)
e Argan (Rodolfo Vaz) - Foto: Guto Muniz

ARGAN:

Nieta!

NIETA:

Deixe tudo comigo.

ARGAN:

Nieta!

NIETA:

Confie em mim. Bons sonhos.

(*Saem Nieta e Angélica. Entra o séqüito da marcha fúnebre. Entra Argan como se tivesse acordado de um pesadelo e chamando Nieta. Depara-se com a visão de Molière.*)

ARGAN:

(*A Molière.*) Quem é você ? Responda, quem é você?

MOLIÈRE:

Eu sou você amanhã.

ARGAN:

Saia daqui. Você não faz parte deste elenco.

MOLIÈRE:

Ao contrário. Sem mim, este elenco não existiria.

ARGAN:

Ai, ai, ai, ai, ai.

MOLIÈRE:

Sou o autor, e você é minha última criação. Enquanto você é um doente imaginário, eu era um doente terminal, e neste estado o concebi e, com esta pena, escrevi o seu papel. Depois morri.

ARGAN:

Quer dizer, então, que você é... Molière.

MOLIÈRE:

Molière. Por seu sonho convocado para refazer minha morte e meu funeral.

ARGAN:

Maldito sonho! E como foi sua morte? Por que refazê-la?

MOLIÈRE:

Estávamos na quarta apresentação do *Doente imaginário* e eu fazia o seu papel: Argan.

ARGAN:

O *Doente imaginário*? Esta peça? Eu?

MOLIÈRE:

Já no final do espetáculo, tusso em cena aberta. O público imagina tratar-se de mais uma cena brilhante...

TODOS:

Oh!

MOLIÈRE:

Verto sangue pela boca, e o público aplaude estrondosamente.

TODOS:

Bravo!

MOLIÈRE:

Fechado o pano, sou levado, moribundo, para o meu quarto, onde venho a morrer.

ARGAN:

Oh, coitadinho...

MOLIÈRE:

Morri privado dos sacramentos: os padres chamados a me levar à absolvição se negaram a atender um comediante. Enterraram-me na calada da noite, à luz de tochas, na cova rasa dos pagãos. Tal rito foi por demais macabro para quem fez a platéia morrer... de rir.

ARGAN:

Nieta! Tire este pesadelo daqui! *(Argan sai de cena chamando por Nieta)*

MOLIÈRE:

Caro público, sem o teatro, onde se representariam nossos sonhos? Amanhece. Hoje é amanhã, e, na casa de Argan, um sonhador enamorado aparece.

Fim do primeiro ato

Segundo ato

CENA 1

CLEANTO:

Amor, amor, eu agora vim curar
A dor, a dor que não pára de queimar
Eu vim falar com Angélica!

Consultar seu coração
Saber o que decidiu
Sobre essa horrenda união
Que o meu sonho assim destruiu.

NIETA:

Deus do céu! Que está fazendo aqui? Não se pode falar assim, sem mais nem menos, com Angélica: é preciso que seja em segredo, ela é muito vigiada.

CLEANTO:

Por isso não vim aqui como Cleanto, ou namorado, mas como amigo e substituto do professor de música.

NIETA:

Olha o pai dela. Esconda-se um pouco e me deixe avisá-lo de que está aqui.

CENA 2

(*Argan entra em cena fazendo exercícios e cantando. O coro responde.*)

ARGAN:

"Um, dois, três, quatro".

CORO:

"Quatro, três, dois, um".

ARGAN:

"Tem macaco no teatro".

CORO:

"Está no palco e solta pum".

ARGAN:

"Cala a boca, coro chato".

CORO:

"Não tem chato aqui nenhum".

ARGAN:

"Ou eu saio deste ato"...

(*Coro vaia Argan pela falta de espírito esportivo...*)

ARGAN:

O Dr. Purgan mandou que eu andasse no quarto pela manhã, doze idas e doze vindas, mas eu esqueci de perguntar se é na largura ou no comprimento.

NIETA:

Patrão, está aí...

ARGAN:

Fale mais baixo, sua bruxa, quase me estoura os miolos. Não sabe que não se fala assim tão alto com doentes?

NIETA:

(*Bem baixinho.*) Patrão...

ARGAN:

Fale baixo!

NIETA:

Patrãozinho... (*Mostra as mãos para Argan, como quem vai começar um jogo de adivinhação.*)

ARGAN:

Oba, sou bom nesse jogo.

(*Nieta começa a andar, pára, espera por Argan.*)

ARGAN:

"Assim caminha a humanidade"!

NIETA:

Não. (*Recomeça a andar, pára novamente.*)

Cleanto (Paulo André), Argan (Rodolfo Vaz)
e Nieta (Teuda Bara). Foto: Guto Muniz

ARGAN:

"A um passo da eternidade"!

NIETA:

Não! (*Perde a paciência e começa a sapatear.*)

ARGAN:

"Mulheres à beira de um ataque de nervos"!

NIETA:

(*Revelando o jogo.*) "Está aí um homem que quer falar com o senhor". Te peguei, patrão...

ARGAN:

Pegou mesmo, eu pensei que fosse "Orca, a baleia assassina". Faça-o entrar, então.

CLEANTO:

Senhor...

NIETA:

Não fale alto, para não estourar os miolos do patrão.

CLEANTO:

Estou satisfeito por encontrá-lo melhor e de pé.

NIETA:

Como melhor? Absolutamente. O patrão está sempre mal.

CLEANTO:

Ouvi dizer que o senhor estava melhor, e realmente eu o encontro com muito bom aspecto.

NIETA:

O que quer dizer com bom aspecto? O patrão está mal. Ele nunca esteve tão indisposto.

Argan:
Ela tem razão.

Nieta:
Ele anda, come e bebe como os outros, mas isso não impede que ele esteja doente.

Argan:
Pura verdade.

Cleanto:
Venho da parte do professor de canto da sua filha, senhor. Ele teve que ir para o interior por alguns dias e, como sou seu amigo íntimo, me enviou no lugar dele para continuar as lições, com medo de que, interrompendo as aulas, ela se esqueça do que já sabe.

Argan:
Muito bem. Chame Angélica.

Nieta:
Eu acho que seria melhor levar o professor ao quarto dela.

Argan:
Esclerosou? Ela que venha. Angélica!

(*Angélica entra cantando, triste e sonhadora.*)

CENA 3

Angélica:

Sonhando com você
Sonhando com você
As minhas noites têm luar

Tão sutis que eu, muito feliz
Nunca mais quisera acordar.

Ah!

ARGAN:
O que foi? Que surpresa é essa? O seu professor de música foi para o interior e enviou alguém para te dar aula.

ANGÉLICA:
É que...

ARGAN:
O quê?

ANGÉLICA:
Uma coincidência surpreendente acontece aqui.

ARGAN:
Qual?

ANGÉLICA:
Sonhei, a noite passada, que eu estava com o pior problema do mundo e que pedi socorro a uma pessoa parecida com esse senhor, e ele me salvou.

ARGAN:
Eu também tenho sofrido terríveis alucinações, mas no meu caso é estômago.

CLEANTO:
Estou contente de ocupar seus pensamentos, seja dormindo ou acordada, e não há nada que eu não faria para livrá-la de algum problema.

 **CENA 4**

NIETA:

Patrão! O Dr. Disáforus e seu filho chegaram para fazer uma visita. O senhor vai ter um genro "daqueles". O mais bonito, o mais espirituoso. Sua filha vai morrer de amores por ele.

ARGAN:

Ele é filho de um médico competente, e o casamento se realiza dentro de quatro dias.

CLEANTO:

Tão rápido assim?

NIETA:

Preparem-se, aí estão eles.

(*Entram Dr. Disáforus e seu filho.*)

 **CENA 5**

ARGAN:

O Dr. Purgan me proibiu de descobrir a cabeça. Como o senhor é do ofício, conhece as conseqüências.

DISÁFORUS:

Trazemos socorro aos doentes com nossas visitas, não incômodos.

ARGAN:

Doutor, eu o recebo...

(*Os dois passam a falar ao mesmo tempo, interrompendo-se e confundindo-se.*)

DISÁFORUS:

Estamos aqui, senhor...

ARGAN:

Com muita alegria...

DISÁFORUS:

Meu filho Tomás e eu...

ARGAN:

A honra que me fazem...

DISÁFORUS:

Para demonstrar...

ARGAN:

Eu gostaria muito...

DISÁFORUS:

A satisfação que sentimos...

ARGAN:

De poder ir à sua casa...

DISÁFORUS:

O favor que nos faz...

ARGAN:

Para retribuir...

DISÁFORUS:

De querer nos receber...

Argan (Rodolfo Vaz), Dr. Disáforus (Arildo de Barros), Tomás Disáforus (Chico Pelúcio), Angélica (Lydia Del Picchia) e Cleanto (Paulo André) – Foto: Guto Muniz

ARGAN:
Mas o senhor sabe, doutor...

DISÁFORUS:
Da imensa honra...

ARGAN:
O que é um pobre doente...

DISÁFORUS:
Dessa aliança...

ARGAN:
Que não pode fazer outra coisa...

DISÁFORUS:
E garantir que...

ARGAN:
Que dizer aqui...

DISÁFORUS:
No que depender do nosso ofício...

ARGAN:
Que não faltará ocasião...

DISÁFORUS:
Ou mesmo de outro...

ARGAN:
De lhe demonstrar, senhor...

DISÁFORUS:
Estamos sempre...

JUNTOS:
A seu inteiro dispor.

DISÁFORUS:

Venha, Tomás. Aproxime-se. Apresente seus cumprimentos.

TOMÁS:

Senhor, venho cumprimentar, reconhecer, amar e reverenciar aquele que será para mim um segundo pai, mas um segundo pai a quem ouso dizer que sou mais devedor que ao primeiro, pois ele me fez, e o senhor me escolheu. Ele me recebeu porque era inevitável, e o senhor me aceitou por prazer. Por isso venho hoje, antecipadamente, render as minhas mais humildes e respeitosas homenagens.

NIETA:

Um viva à escola de onde saiu tão brilhante figura!

TOMÁS:

Fui bem, papai?

DISÁFORUS:

Ótimo!

ARGAN:

Vamos, Angélica, cumprimente o Doutor.

TOMÁS:

Devo beijá-la?

DISÁFORUS:

Sim... Sim...

TOMÁS:

(*A Angélica.*) Madame, é com injustiça que o céu lhe concede o nome de madrasta, pois...

ARGAN:

Não, não... essa não é minha mulher, é minha filha.

TOMÁS:

Onde está ela, então?

ARGAN:

Vem logo.

TOMÁS:

Ah, papai, deu tudo errado...

DISÁFORUS:

Cumprimente a jovem antes.

TOMÁS:

Assim como a estátua de Mêmnon, no Egito, emitia um som harmonioso ao ser iluminada pelo sol, também eu me sinto docemente envolvido com a aparição do sol da sua beleza. Aceite, portanto, que eu ofereça a essa maravilhosa... (*Esquece o texto decorado e olha para o pai, desconcertado.*)

DISÁFORUS:

Donzela, imbecil!

TOMÁS:

Donzela, imbecil, o meu coração, que não aspira nem ambiciona outra glória além de ser, por toda a vida, o mais humilde, obediente e fiel servidor e marido.

NIETA:

Eis o que dá estudar. Se ele fizer curas como faz discursos...

ARGAN:

Veja, doutor, todos admiram seu filho. Pode se orgulhar disso.

DISÁFORUS:

Não é porque eu sou o pai dele, mas posso dizer que tenho razões para estar contente. Nunca teve imaginação muito fértil, e é por isso mesmo que eu confio no seu bom senso. Sofremos enormemente para que aprendesse a ler. "Bem – eu dizia a mim mesmo –, é mais difícil escrever no mármore do que na areia, mas é no mármore que as coisas permanecem. E essa lentidão em compreender, essa ausência de imaginação, são sinais de futuro juízo." Ele é seguro nas discussões, teimoso como uma mula, não muda nunca de opinião, mas, acima de tudo, o que me agrada nele, porque segue o meu exemplo, é que se agarra cegamente às posições dos mais velhos, sem procurar entender as razões e as experiências de improváveis descobertas do nosso século, coisa como a circulação do sangue e bobagens congêneres...

TOMÁS:

Senhorita, com a permissão do seu pai, eu gostaria de convidá-la para vir divertir-se, um dia desses, com a dissecação de uma mulher, sobre a qual eu devo fazer um ensaio.

NIETA:

Que gracinha. Alguns convidam as noivas para ir ao teatro, outros...

ARGAN:

(*Ameaçando Nieta.*) Outros...

NIETA:

Uma dissecação é uma coisa muito emocionante!

DISÁFORUS:

Quanto aos requisitos para o casamento, garanto que Tomás, meu filho, possui, em grau louvável, um temperamento feito para gerar e procriar filhos.

ARGAN:

(*A Cleanto.*) Professor, faça minha filha cantar para alegrar as visitas.

CLEANTO:

Eu só esperava ordens... Para divertir as visitas, pensei em cantar com ela uma pequena cena de uma ópera dramática. O tema é o seguinte: Tírsis, um pastor perdidamente apaixonado por uma pastora, a Bela Fílis, não podia vê-la, pois o pai a encerrara na prisão de sua casa e prometera casá-la com outro, mais rico. Desesperado de amor, nosso pastor se disfarça e penetra na casa da amada, onde a vê ao lado do ridículo rival. O respeito e a presença do pai só lhe permitem se comunicar com ela através de dolorosos olhares. Finalmente, vencendo seus medos, ele acaba falando assim: (*Cleanto canta.*)

Bela Fílis

Bela Fílis, tanto sofrer é um desatino
Quebre esse cruel silêncio
E deixe o coração dizer
seu verdadeiro destino
Devo viver? Devo morrer?

ANGÉLICA:

(*Responde cantando.*)

Ah, tão triste estou, Tírsis, não respiro
Às vésperas deste casamento infeliz
Olho pro céu, olho pra ti, olho e suspiro
É só o que meu coração me diz.

Tomás Disáforus (Eduardo Moreira), Cleanto (Paulo André),
Angélica (Simone Ordones) e Argan (Rodolfo Vaz)

ARGAN:

E eu que não sabia que minha filha fosse capaz de cantar assim, de improviso.

(*Seguem cantando.*)

CLEANTO:

> *Mereço eu o seu amor?*

ANGÉLICA:

> *Só a ti eu posso amar?*

CLEANTO:

> *Não se engana o meu ouvido?*

ANGÉLICA:

> *Eu te amo!*

CLEANTO:

> *Realmente sou querido?*

ANGÉLICA:

> *Eu te amo!*

CLEANTO:

> *Repita, ou duvido!*

ANGÉLICA:

> *Eu te amo, eu te amo, eu te amo, eu te amo!*

CLEANTO:

> *Mas, Fílis, vem um pensamento*
> *Atrapalhar tanta alegria*
> *Um rival, um rival!*

DISÁFORUS:

E o que diz o pai de tudo isso?

ANGÉLICA:

Ele não diz nada, senhor.

ARGAN:

Pois é um pai estúpido! Um pai capaz de suportar todas estas besteiras sem dizer nada! Não, não, não, já chega. Esta peça é um péssimo exemplo! Podíamos muito bem ter passado sem essa operazinha impertinente. (*Ouve Belinha chegando.*) Ah, eis minha mulher que chega. Amorzinho, está aqui o filho do Dr. Disáforus, nosso futuro genro.

TOMÁS:

Madame, é com injustiça que o céu lhe concede o nome de madrasta, pois...

BELINHA:

Encantada em haver conseguido chegar a tempo de ter a honra de conhecê-los.

TOMÁS:

Pois pode-se vislumbrar em seu rosto... Pois pode-se vislumbrar... A senhora me interrompeu bem no meio do parágrafo, e isso perturbou a minha memória.

DISÁFORUS:

Tomás, deixemos isso para outra ocasião.

ARGAN:

Dr. Disáforus, minha mulher. Vamos, minha filha, estenda sua mão a este senhor e prometa-lhe fidelidade como esposa.

BELINHA:

Meu anjinho, eu, em seu lugar, não a obrigaria a casar-se. Talvez ela sinta outra inclinação...

ANGÉLICA:

Eu só me casarei por amor! Outras, porém, minha senhora, casam-se por interesse, para enriquecer com a morte do marido! (*Sai.*)

DISÁFORUS:

Neste caso, nós também nos retiramos. Passar bem!

TOMÁS:

Mal! (*Saem.*)

BELINHA:

Filhinho, venho te advertir, antes de sair, sobre uma coisa com a qual deves ter muito cuidado. Ao passar diante do quarto de Angélica vi um jovem com ela, que fugiu ao me ver.

ARGAN:

Um homem com minha filha? Ah, sem-vergonha! Não me estranha sua resistência! Colocá-la-ei num convento em menos de dois dias. Ai, não me deixam nem tempo de cuidar da minha doença.

CENA 6

(*Entra a marcha fúnebre. No palco surge Molière.*)

ARGAN:

Esta visita é a mais impertinente de todas. Suma daqui.

MOLIÈRE:

Não, Argan. Está escrito que é você quem deve sumir para que meu teatro possa se redimir. Soprai, vento! Soprai mais forte neste cenário de neblina e sombra. Vinde, fogo, e queimai esta mesquinhez, este amor interesseiro e esta doença imaginária que põe os homens em desespero. Teatro imaginário, lar de ar e de sonhos que resiste como um navio: embarcai este delírio e fazei-o atravessar as águas deste mar. Nada tema, Argan: nessa travessia eu o conduzirei e o ensinarei a vencer a Morte!

ARGAN:

Tenha piedade, senhor Molière, eu não suporto esta palavra: Morte!

MOLIÈRE:

Acalme-se! Isto é apenas uma peça de teatro!

ARGAN:

Que se dane, então, a sua peça de teatro. Você é um impertinente, com suas comédias engraçadas, em que zomba de pessoas honestas, como os médicos. Ah, se eu fosse médico e você ficasse doente, eu me vingaria de sua insolência deixando-o morrer sem socorro.

MOLIÈRE:

Então, aproveite, e divirta-se um pouco neste espetáculo.

ARGAN:

Divirta-se você. E, se não basta posar de autor e diretor, faça, você também, um papel neste circo.

MOLIÈRE:

Pois bem, vamos, seu falastrão! Onde já se viu zombar assim de seu autor? Depressa, Argan: seu irmão está chegando.

(*Molière dá um sinal para que a música comece e prepara-se, em cena, para assumir o papel de Beraldo, irmão de Argan.*)

Fim do segundo ato

Terceiro ato

CENA 1

BERALDO:
Mano! Precisamos conversar.

ARGAN:
Beraldo! Meu irmão.

BERALDO:
Mas, antes de mais nada, deve me prometer que não vai ficar nervoso.

ARGAN:
Prometo.

BERALDO:
Nem perder a calma com as coisas que eu disser.

ARGAN:
Certo.

BERALDO:
E vai raciocinar junto comigo sobre os negócios que devemos discutir, calmamente.

ARGAN:
Está bem. Mas, para que tanto preâmbulo?

BERALDO:
Não consigo entender por que um homem rico como você, que tem uma única filha, resolve colocá-la num convento. De onde tirou isso?

Sr. Flores (Beto Franco), Argan (Rodolfo Vaz), Beraldo (Julio Maciel) e Nieta (Margareth Serra) - Foto: Guto Muniz

ARGAN:

Não acha que, sendo o dono desta casa, posso fazer o que eu quiser?

BERALDO:

Sua mulher vive aconselhando você a se livrar de sua filha, e não duvido nem um pouco, não mesmo, que, por espírito de caridade, ela ficasse contentíssima se ela fosse religiosa.

ARGAN:

Esse assunto de novo! Sempre a pobre da minha mulher sendo acusada de todos os males.

BERALDO:

Não, não, ela está fora disso: é uma das mais bem-intencionadas mulheres do mundo, que tem por você um carinho impressionante, que demonstra por sua filha uma ternura e uma bondade infinitas. Nenhuma dúvida a respeito.

ARGAN:

Nenhuma dúvida.

BERALDO:

Voltemos para Angélica: qual é a sua intenção em querer casá-la com o filho de um médico?

ARGAN:

A intenção de me dar o genro de que preciso.

BERALDO:

Mas o marido é para ela ou para você?

ARGAN:

Para nós dois. Quero alguém na família que seja útil para um pobre doente como eu.

BERALDO:

Não existe homem menos doente do que você. O sinal de que está bem e que goza de excelente saúde é que, apesar de tudo o que faz e dos remédios que toma, não conseguiu estragar o perfeito equilíbrio do seu corpo.

ARGAN:

Mas, afinal, Beraldo, você acredita ou não na medicina?

BERALDO:

Não só não acredito como, aqui entre nós, acho uma das maiores loucuras dos homens. Não há nada mais ridículo do que um homem pretendendo curar outro.

ARGAN:

E por que um homem não pode curar outro?

BERALDO:

Meu Deus! Desde sempre os homens querem acreditar em fantasias, porque elas nos confortam. Assim, quando um médico nos fala em possuir o segredo de prolongar a vida, ele está falando exatamente da fantasia da medicina.

CENA 2

(*O Sr. Flores entra em cena.*)

ARGAN:

Ah, e por falar em fantasia, com sua licença.

BERALDO:
Como? O que vai fazer?

ARGAN:
Tomar uma lavagenzinha. É rápido.

BERALDO:
Você está brincando. Será que não pode passar um momento sem lavagem ou remédio? Deixe isso para depois e fique em repouso.

ARGAN:
Então, Sr. Flores, até a noite ou amanhã de manhã.

FLORES:
Por que o senhor é contra as ordens médicas e quer impedir o meu caro cliente de tomar o meu clister? Que audácia!

BERALDO:
Vamos, Sr. Flores, está se vendo que não está acostumado a falar francamente.

FLORES:
Não se deve brincar com remédios nem me fazer perder tempo. Venho aqui por prescrição médica e vou dizer ao Dr. Purgan que me impediram de executar suas ordens e cumprir minhas funções. Vai ver só. Dr. Purgan! Dr. Purgan!

CENA 3

DR. PURGAN:
Acabaram de me contar que fazem pouco das minhas receitas e que recusaram o remédio que prescrevi.

ARGAN:

Não foi bem assim, doutor...

DR. PURGAN:

É uma audácia enorme, uma estranha rebelião de um doente contra seu médico.

ARGAN:

Mas não fui eu...

DR. PURGAN:

Um clister que tive o prazer de preparar eu mesmo...

ARGAN:

Mas...

DR. PURGAN:

Enviá-lo de volta com desprezo.

ARGAN:

Foi ele...

DR. PURGAN:

Um atentado contra a medicina.

ARGAN:

Foi por causa...

DR. PURGAN:

Declaro que rompo relações com essa espécie de paciente.

ARGAN:

Foi meu irmão...

DR. PURGAN:

E para terminar toda e qualquer ligação, eis o dote que eu daria ao meu sobrinho pelo casamento.

ARGAN:

Meu irmão foi o culpado.

DR. PURGAN:

Desprezar o meu clister.

ARGAN:

Faça-o voltar, que eu tomo.

DR. PURGAN:

Faltava tão pouco para eu curá-lo. Já que se rebelou contra meus remédios...

ARGAN:

Não, de jeito nenhum.

DR. PURGAN:

Devo dizer que eu o abandono à sua má constituição...

FLORES:

Bem feito.

DR. PURGAN:

Aos problemas dos seus intestinos...

FLORES:

Bem feito.

DR. PURGAN:

À corrupção do seu sangue...

FLORES:

Bem feito.

DR. PURGAN:

Às agruras da sua bílis.

FLORES:

Bem feito, bem feito, bem feito.

Dr. Purgan (Antonio Edson)

DR. PURGAN:

Antes de quatro dias seu estado será incurável.

ARGAN:

Incurável?!?!?!

DR. PURGAN:

Vai cair na bradipepsia. Da bradipepsia, na apepsia. Da apepsia, na dispepsia. Da dispepsia, na diarréia. Da diarréia, na desinteria. Da desinteria, na hidropisia. E da hidropisia, na privação da vida, que é onde vai levar essa sua loucura.

(*Saem os médicos.*)

CENA 4

ARGAN:

Ah, meu Deus, estou morto. Você me levou à desgraça, mano.

BERALDO:

Até parece que o Dr. Purgan tem o dom de dar e tirar a vida de alguém.

ARGAN:

Sinto que a medicina se vinga. Vou ser um doente incurável antes de quatro dias.

BERALDO:

Então, meu irmão, já que o Dr. Purgan rompeu com você, não quer que eu fale um pouco de um bom partido para a minha sobrinha?

ARGAN:

Não, não! Seja o que for, a decisão está tomada: ela vai ser religiosa.

BERALDO:

(*À parte, para Nieta.*) Nieta! Precisamos impedir essa idéia absurda que ele colocou na cabeça.

NIETA:

Tive uma idéia!

ARGAN:

O que é que vocês estão cochichando aí?

NIETA:

Nada, não, patrão.

BERALDO:

(*Novamente a Argan.*) Eu sei muito bem porque você está querendo colocar Angélica num convento. Está querendo agradar alguém!

ARGAN:

Isso de novo. Você sempre volta à minha mulher.

BERALDO:

Vamos falar claramente, meu irmão, não suporto mais essa obsessão que você tem por sua mulher, nem a maneira como cai nas armadilhas que ela trama.

NIETA:

Ah, senhor, não fale mal da patroa. É uma mulher sem artifícios e que ama o patrão... Ah, como ela o ama...

ARGAN:

Pergunte como ela é carinhosa comigo.

NIETA:

É verdade.

ARGAN:

Como fica tão aflita com as minhas doenças.

NIETA:

Ah, isso é.

ARGAN:

Os cuidados, os sacrifícios que faz por mim...

NIETA:

Nem diga. (*Para Beraldo.*) Gostaria que eu provasse como a patroa ama o patrão?

BERALDO:

Claro!

NIETA:

Patrãozinho, permita que eu mostre que ele está errado.

ARGAN:

Mas como?

NIETA:

A patroa vai voltar logo. Sente-se aqui e finja-se de morto. Vai ver o sofrimento dela quando eu der a notícia.

ARGAN:

Conte comigo. Mas será que não há nenhum perigo a gente se fingir de morto?

NIETA:

Não, não. Que perigo haveria? Nós vamos é nos divertir com a cara de bobo que seu irmão vai ficar. Aí vem a patroa, não se mexa. (*Beraldo se esconde, Nieta começa a encenação.*) Ah, meu Deus, que desgraça, que acidente horrível.

BELINHA:

Que foi, Nieta?

NIETA:

Ah, patroa...

BELINHA:

Que aconteceu?

NIETA:

Seu marido está morto.

BELINHA:

Meu marido, morto?

NIETA:

Infelizmente. O pobre defunto está mortinho.

BELINHA:

Tem certeza?

NIETA:

Absoluta. Ninguém sabe ainda, eu estava aqui sozinha. Ele acaba de morrer nos meus braços. Veja como ele está duro.

BELINHA:

O céu seja louvado. Me livrou de um fardo bem pesado. (*Ouve Nieta chorando.*) Você é uma boba de se afligir com essa morte.

NIETA:

Eu pensei que era para chorar, patroa.

BELINHA:

Ora, não vale a pena. O que se perde com ele? Para que servia ele nesta vida? Um homem que foi incômodo para todo mundo, sujo, nojento, sempre com lavagens e remédios, se assoando, tossindo, peidando, escarrando. Sem graça, banguela, chato, mal-humorado, cansando as pessoas, brigando dia e noite com os empregados.

NIETA:

Eis uma bela oração fúnebre.

BELINHA:

Nieta, você precisa me ajudar e pode ter certeza de que, me ajudando, vai ser recompensada. Já que, felizmente, ninguém sabe da coisa, vamos levá-lo para a cama e esconder essa morte até que eu termine o que tenho a fazer. Há papéis e dinheiro que eu devo pegar, porque não é justo que eu tenha passado ao lado dele os melhores anos da minha vida sem ganhar nada. Venha, Nieta, vamos pegar logo as chaves dele.

ARGAN:

Calma. Calminha.

BELINHA:

Ai!

ARGAN:

Então, minha mulher, é assim que me ama?

NIETA:

Ih, o defunto não está morto.

ARGAN:

Estou satisfeito com a amizade e o belo discurso que fez sobre mim. Fora!

BELINHA:

(*Cantando.*)

Belinha (Inês Peixoto), Beraldo (Julio Maciel) Argan (Rodolfo Vaz) e Nieta (Margareth Serra). Foto: Guto Muniz

Segun tu punto de vista
Yo soy la mala
La que te llegó hasta el alma
La gran tirana

Para mi es indiferente
Lo que sigan comentando
Se dice la misma gente
Que el dia em que te dejé
Fui yo quién sali ganando.

Que el dia em que te dejé
Fui yo quién sali ganando.

(*Sai.*)

ARGAN:

Debaixo das minhas cobertas ela não peida mais...

NIETA:

Palavra de honra, patrão, que eu nunca ia acreditar numa coisa dessas. Mas ouço sua filha, que vem vindo. Repita a coisa e vamos ver de que maneira ela recebe a sua morte. Já que está no palco, conhecerá os sentimentos da família.

ARGAN:

Mas será que não há nenhum perigo em se conhecer os sentimentos da família?

NIETA:

Ora, patrão... (*Ouve Angélica chegando e recomeça a encenação.*) Que desgraça...

ANGÉLICA:

Que você tem, Nieta, por que está chorando?

NIETA:

Seu pai está morto.

ANGÉLICA:

Meu pai, morto? Que falta de sorte, que golpe cruel. Perdi meu pai, a única pessoa que eu tinha neste mundo. (*Canta.*)

> *E o pior é que ele morreu*
> *Morreu zangado comigo*
> *Oh, meu Deus*
> *O que vai ser de mim?*
> *Como posso me consolar*
> *De uma perda tão grande?*
> *Oh, meu Deus!*

CLEANTO:

(*Entra cantando.*)

> *O que você tem, Angélica?*
> *Por que você está chorando?*

ANGÉLICA:

> *Choro a morte de papai!*

CLEANTO:

> *Que horror!*

JUNTOS:

> *É a cruel dor de quem perdeu*
> *O que tinha de precioso na vida*
> *Ai, ai, que dor!*

ARGAN:

Minha filha...

ANGÉLICA:

Ai!

ARGAN:

Venha cá, não tenha medo. Eu não estou morto.

ANGÉLICA:

Ainda bem, papai.

ARGAN:

Você é meu sangue verdadeiro, minha verdadeira filha.

ANGÉLICA:

Que susto, papai. E já que, graças a Deus, você está aqui, me ajoelho para suplicar uma coisa: se não concorda com os sentimentos do meu coração, e quiser me recusar Cleanto como marido, pelo menos eu peço que não me force a casar com outro. É só isso que eu peço.

CLEANTO:

Por favor, senhor, sensibilize-se com os pedidos dela e meus. Não se oponha aos anseios de dois corações apaixonados.

BERALDO:

Meu irmão, você ainda está contra?

NIETA:

Patrão, quem pode ser insensível diante de tanto amor?

ARGAN:

Está bem. Se ele se formar em medicina, eu concordo com o casamento. É, se você se tornar médico, eu te dou minha filha.

BERALDO:

Meu irmão, tive uma idéia. (*Faz sinal para entrarem os atores-médicos-músicos.*) Estude medicina você mesmo!

ARGAN:

Você está caçoando de mim, mano? Eu lá estou em idade de estudar?

BERALDO:

Estudar? Há muito médico que não sabe tanto quanto você.

ARGAN:

Mas é necessário falar latim e conhecer as doenças e os remédios.

BERALDO:

Recebendo a toga e o diploma, você aprende tudo e será mais capaz do que pensa.

ARGAN:

O quê? A gente conhece as doenças só porque tem diploma?

BERALDO:

Exatamente! Com ele, qualquer bobagem vira saber. Deixe crescer a barba...

TODOS:

Com barba, é mais que meio médico.

BERALDO:

Você quer que se faça a formatura agora?

ARGAN:

Mas como?

BERALDO:

Com a ajuda deles. Aqui nesta praça.

ARGAN:

Mas claro!

BERALDO:
Música!

Fim do terceiro ato

EPÍLOGO

(*Argan está no palco e recebe ao seu redor o corpo docente. Beraldo comanda a cena.*)

BERALDO:
Sapientissimus doctores, medicinae professores, examinemos este bacharelando e verifiquemos se ele merece ser incorporado em nossa ordem.

DOUTOR I:
Jura *sangrare* seus pacientes até *purgare totem dinaro*?

ARGAN:
Juro!

CORPO DOCENTE:
Dignus est intrare no nosso corpo docente.

DOUTOR II:
Jura *guardare statuta per Facultatem prescrita* com *sensu et julgamentu*?

ARGAN:
Juro!

CORPO DOCENTE:
Dignus est intrare no nosso corpo docente.

DOUTOR III:

Jura *clysterium donare, dopo sangrare* e logo *purgare?*

ARGAN:

Juro!

CORPO DOCENTE:

Dignus est intrare no nosso corpo docente.

ARGAN:

Eu, com este diploma, *venerabili et docto,* concedo *virtutem et poder, medicandi, purgandi, sangrandi, cortandi et matandi,* impune *per totem terra.*

RAINHA MAB:

Sonhadoras e sonhadores, ao pronunciar esse juramento, Molière sofre uma crise e vem a morrer horas depois. Mas, para que serve vosso sonho, senão para restaurar a vida e encená-la com arte e poesia? Apagai as luzes desta arena onírica e fechai a cortina do vosso sonho.

(Entra Molière, cumprimenta os atores e é reverenciado por eles. Salta do palco e vem "tourear" a platéia. Ao final recebe de Argan a pena com a qual tudo começou.)

RAINHA MAB:

Acordai, senhores, e quando vossos olhos se abrirem, alegrai com este sonho a tourada de vossas vidas. Para levá-lo a outras praças, eu vos deixo agora e agradeço a vossa gentileza... Certo, meu caro público, mas não basta a gentileza. É preciso também ser razoável e colocar nesta cartola um pouquinho de riqueza. Ora, vamos, Sr. Flores, convém entender os atores. Eu fico muito satisfeita quando o senhor é razoável!

(Os atores vão tirando sua capas e começam a dançar e cantar.)

A construção do teatro

Sob o luar vamos cantar
A cura da alma
O teatro vem dar
Aos homens refeitos
Neste palco circular

Você vai ver como fazer
Os prantos da vida
Jorrarem prazer
Ferro, pano, madeira
Vira asa, pluma, cadeira
Ao luar

Mambembar, mambembar
Circular!

Canção dos atores: Molière (Julio Maciel) e todo o elenco

Ficha técnica

DIREÇÃO
Eduardo Moreira

TEXTO ORIGINAL
O doente imaginário, de Molière

DRAMATURGIA E TEXTOS ADICIONAIS
Cacá Brandão

TRADUÇÃO
Edla Van Steen

ELENCO
Antonio Edson (Sr. Boafé/Dr. Purgan)
Arildo de Barros (Dr. Disáforus)
Beto Franco (Sr. Flores)
Chico Pelúcio/Eduardo Moreira (Tomás Disáforus)
Fernanda Vianna (Rainha Mab)
Inês Peixoto (Belinha)
Júlio Maciel (Molière / Beraldo)
Paulo André (Cleanto)
Rodolfo Vaz (Argan)
Simone Ordones (Angélica)
Teuda Bara/Margareth Serra (Nieta)

SUBSTITUIÇÕES EVENTUAIS
Fernanda Vianna (Belinha)
Lydia Del Picchia (Rainha Mab/Angélica)

ASSISTENTE DE DIREÇÃO: Chico Pelúcio

COLABORADORA: Vivien Buckup

PREPARAÇÃO CORPORAL: Fernanda Vianna

COMPOSIÇÃO, ARRANJOS E PREPARAÇÃO INSTRUMENTAL:
Fernando Muzzi

COMPOSIÇÃO, ARRANJOS VOCAIS E REGÊNCIA DE CORO:
Ernani Maletta

TIMBRES VOCAIS PARA TEXTOS E PREPARAÇÃO VOCAL : Babaya

AULAS DE PERCUSSÃO: Sérgio Silva

ILUMINAÇÃO: Chico Pelúcio, Alexandre Galvão, Wladimir Medeiros

SONORIZAÇÃO: Rômulo Righi

OPERAÇÃO DE SOM: Alexandre Galvão

OPERAÇÃO DE LUZ: Wladimir Medeiros

CENOTÉCNICA: Helvécio Izabel

FIGURINOS: Wanda Sgarbi

ASSISTENTES: Paulo André, Sandra Chaves Reis

EXECUÇÃO: Maria Castilho

ASSISTENTE: Maria Rosa Vidal

MAQUIAGEM: Mona Magalhães

CENÁRIO: Paulo Pessoa

EXECUÇÃO: Arquitetural, Helvécio Izabel, Santo Ofício

ADEREÇOS: Wanda Sgarbi, Paulo Pessoa, Tião Vieira

ASSESSORIA DE COMUNICAÇÃO: Afonso Borges

PROGRAMAÇÃO VISUAL: Lápis Raro

DIREÇÃO DE PRODUÇÃO: Regiane Miciano, Beto Franco

PRODUÇÃO EXECUTIVA: Gilma Oliveira

PRODUÇÃO: Grupo Galpão